RÉFLEXIONS D'UN MAGISTRAT

SUR LA

SITUATION ACTUELLE

PARIS. — TYPOGRAPHIE LAHURE
Rue de Fleurus, 9

RÉFLEXIONS D'UN MAGISTRAT

SUR LA

SITUATION ACTUELLE

MAI — 1874

PARIS

IMPRIMERIE GÉNÉRALE

9, RUE DE FLEURUS, 9

1874

RÉFLEXIONS D'UN MAGISTRAT

SUR

LA SITUATION ACTUELLE

12 MAI 1874

Au moment où l'Assemblée se réunit pour une session qui peut être d'une importance capitale, il n'est pas hors de propos d'examiner quels sont, *suivant le droit*, ses pouvoirs dans l'état actuel des choses, quelles sont les résolutions qu'elle peut prendre pour le plus grand intérêt du pays, quelles sont celles qu'elle s'est interdites et auxquelles il ne lui est plus possible d'avoir recours.

Trois points à examiner :

L'Assemblée avait-elle le pouvoir constituant ?

L'a-t-elle encore ?

Que peut-elle faire ?

1° La première question n'a été sérieusement contestée que par les gens dont le principe est de ne rien admettre que ce qui flatte leur passion et d'accommoder le droit à leur fantaisie ; elle ne l'est plus guère aujourd'hui ; d'ailleurs tous les partis lui ont successivement, et dans leur intérêt particulier, bien entendu, demandé de l'exercer : ce serait une contradiction flagrante que de le contester aujourd'hui. En dehors de ces circonstances de fait, le pouvoir constituant de l'Assemblée à l'origine, est certain.

Il résulte de l'effondrement de l'Empire, à la suite d'une grande faute politique et des malheurs inouïs qu'elle a déchaînés sur le pays.

Cet effondrement, cette disparition subite du régime impérial, longtemps avant le jour où l'Assemblée l'a déclaré par un vote, a deux causes : la captivité de l'Empereur après la bataille de Sedan, et l'abandon du pouvoir et du pays, qu'à tort ou à raison l'Impératrice Régente a cru devoir faire dans la journée du 4 septembre.

C'était une véritable abdication. L'Assemblée des représentants de la France, nommés dans les lamentables circonstances que tout le monde connaît, était la France elle-même ; en l'absence de tout pouvoir régulier et de tout gouvernement, elle était le Pouvoir et le Gouvernement.

Et elle n'aurait eu que la faculté de conclure le traité de paix ?

Cette Assemblée, *le Pays légal*, depuis six mois confisqué et attendu si longtemps, n'aurait pas eu le droit de donner un gouvernement à ce pauvre pays rongé par la guerre et la révolution, et qui n'en avait plus ?

Allons, ce n'est pas soutenable.

L'Assemblée, qui depuis a donné tant de preuves d'abnégation, de patriotisme, d'une persistance et d'une fermeté rares dans la voie du bien et de la résistance au mal, cette Assemblée d'abord louée collectivement, *en d'autres temps,* par l'homme éminent qui a tenu un instant une si grande place dans le pays, et sans doute attaquée directement par lui aujourd'hui,

Cette assemblée avait le pouvoir constituant.

2° L'a-t-elle encore maintenant? Nous n'hésitons pas à répondre : non.

Pourquoi ?

Parce qu'elle l'a exercé, et qu'on ne constitue pas deux fois.

Qu'elle ait constitué d'une façon incomplète, soit ; mais peu importe, puisqu'elle a déclaré qu'elle terminerait son œuvre. Au point de vue constituant, elle ne peut plus faire que cela, compléter son œuvre sans pouvoir la détruire, car ce qui est fait est définitif.

Elle a nommé le maréchal de Mac-Mahon chef du Gouvernement de la France pendant sept ans, *et le rejet successif de tous les amendements qui avaient pour but de faire ce pouvoir provisoire, suspensif, ou conditionnel,* a rendu cette nomination absolument irrévocable.

Le pays légal s'est donné un chef d'État pour sept

années, il n'y a pas à y revenir ; qu'on lui décerne telle dénomination que l'on voudra, peu importe.

Et si l'on demande ce qui arriverait si, avant que ce Gouvernement soit organisé, son illustre représentant venait à mourir, je répondrai qu'il n'y aurait plus de Gouvernement, que l'Assemblée serait dissoute de plein droit, et que le ministre de l'intérieur devrait immédiatement convoquer les Colléges électoraux pour nommer une Assemblée constituante[1].

A Dieu ne plaise que nous ayons à subir cette redoutable éventualité avant que l'injuste et dangereuse loi qui nous régit soit mise à néant !

La logique est inexorable, et c'est assurément la seule voie légale qui serait ouverte au pays dans cette épreuve qui, espérons-le, lui sera épargnée ; mais il faut savoir l'envisager fermement.

En effet, quand l'Assemblée a été nommée, où était le Gouvernement ?

La Défense nationale ? Non. Avec quelque indulgence que l'on veuille l'envisager, et nous pensons qu'elle n'en mérite guère, on ne peut disconve-

---

1. Ce point est grave. L'Assemblée reprendrait-elle le pouvoir constituant qu'elle n'avait plus pour la partie la plus considérable ? Pourrait-elle, *dans ce cas unique*, l'exercer de nouveau ? Nous ne voulons par arrêter notre esprit sur cette triste et heureusement improbable éventualité. La question est réservée. Il est hors de doute que la situation politique actuelle comporte ce danger et une lacune importante qui doit être comblée au plus tôt. — Dans la pensée du vote du 20 novembre, elle devait l'être presque immédiatement par le vote des lois constitutionnelles.

nir que c'était simplement un Gouvernement de fait.

L'Empire? Non. Il n'existait plus, ni en droit ni en fait, par suite de l'abdication tacite de l'Impératrice, ainsi qu'il a été expliqué plus haut.

La Royauté traditionnelle? Pas davantage. Nous n'admettons pas, comme certains le soutiennent, que la France soit nécessairement inféodée à une famille si illustre qu'elle soit, et ne puisse s'en affranchir. La France s'appartient, elle n'appartient à personne.

Il se trouvait donc dans l'Assemblée qui était tout, Assemblée constituante, Assemblée législative et Gouvernement.

Elle était tout cela, dès l'origine, pendant la présidence de M. Thiers, qui n'était que son délégué pour l'administration du pays, tous les votes qui le concernaient ayant expressément réservé le droit constituant; elle était encore tout cela au 24 mai, sous la présidence du maréchal de Mac-Mahon, qui a succédé à M. Thiers dans les mêmes conditions; elle a cessé d'être tout cela le 20 novembre; jusqu'à ce jour, elle pouvait régulièrement proclamer la Royauté, l'Empire ou la République; à partir de ce jour, elle ne le pouvait plus.

Ce jour-là elle a constitué un pouvoir, elle a cessé d'être Constituante ; elle a créé un Gouvernement, elle a cessé d'être Gouvernement.

Elle est restée Assemblée législative purement et

simplement ; au point de vue constituant, elle ne s'est réservé que le droit de compléter son œuvre en régularisant le pouvoir qu'elle avait créé.

Nous sommes tellement pénétré de la vérité de cette proposition, que nous n'hésitons pas à déclarer que le maréchal de Mac-Mahon est aujourd'hui absolument en dehors de l'atteinte d'un vote hostile de l'Assemblée, quel qu'il soit; qu'il aurait parfaitement le droit, et peut-être le devoir, de n'en tenir aucun compte et de conserver son ministère. — Nous n'avons pas encore le Gouvernement parlementaire, qui est, à ce que nous croyons, ce qu'il y a encore de mieux, à condition qu'il soit régularisé et pondéré ; nous avons un Gouvernement parfaitement légal, mais de transition, *un Gouvernement de salut public*, et qui mérite son titre, celui-là ; un pouvoir dictatorial, si l'on veut, et vous ne pouvez le contester, Messieurs les opposants, c'est vous-mêmes qui l'avez proclamé, avant le vote et pour l'empêcher ; un pouvoir tel que les circonstances l'ont imposé, et que le nécessitent les violences et les fureurs passées et annoncées du parti radical, qui ont rendu absolument indispensable la mise en état de siége d'une partie de la France ; les règles ordinaires du Gouvernement parlementaire ne lui sont aucunement applicables.

Les pouvoirs conférés au maréchal de Mac-Mahon sont, quant à présent, de telle nature *qu'il est le maître;* et c'est là le plus magnifique éloge que l'on puisse faire de son caractère, c'est la plus splendide récompense (due d'ailleurs à ses éclatants services et à son patriotisme de tous les temps) que le pays légal peut lui décerner, *que de se donner à lui*, pour un temps non déterminé, mais qui se limite naturellement au vote des lois constitutionnelles, avec mission de nous sauver de l'anarchie par tous les moyens possibles; et il devra le faire envers et contre tous. Il est vraisemblable qu'il ne sera pas nécessaire de recourir aux voies énergiques, mais il le pourrait sans sortir des termes de la plus stricte légalité. Le mot « coup d'État » serait un non-sens appliqué à celui entre les mains de qui le pays légal a provisoirement concentré tous les pouvoirs.

3° Que peut-elle faire? Les solutions fournies pour les deux premières questions, si elles sont justes, simplifient singulièrement la troisième.

Pourrait-elle aujourd'hui proclamer la Monarchie? Non.

Pourrait-elle proclamer l'Empire? Non.

Pourrait-elle proclamer la République? Non.

Je sais que certains prétendent que la Monarchie légitime n'a pas besoin d'être proclamée, *qu'elle existe de droit.*

Je sais aussi que certains soutiennent que la République est le gouvernement naturel de tout pays, *qu'elle existe de droit* et n'a pas besoin d'être proclamée.

Lesquels sont dans le vrai?

Aucuns : ni ceux-ci, ni ceux-là ; pas plus ceux de la Monarchie de droit divin que ceux de la République de droit naturel. Ce sont des exagérations théoriques qui ne sont soutenues que par les fanatiques de chaque parti, et sont repoussées par le bon sens de l'immense majorité des Français.

D'autres disent que la République n'a pas à être proclamée, puisqu'elle a été acclamée comme gouvernement de la France, le 4 septembre 1870, *par le peuple*, à la Chambre des députés et à l'Hôtel de Ville.

A ceux-là, nous ne faisons pas l'honneur de répondre, *nous parlons Droit*.

Pourrait-elle aujourd'hui déclarer qu'il sera fait appel au peuple, qui aurait à décider dans ses Comices si le Gouvernement de la France sera

MONARCHIE,

EMPIRE,

ou RÉPUBLIQUE,

de telle sorte que si l'un des trois régimes l'emportait avec une faible majorité, il serait le gouvernement du pays, malgré le vote de près des deux tiers qui auraient déclaré n'en pas vouloir ?

Quelques esprits ont pu être séduits par la justice et la simplicité apparente de cette solution.

Dans le résultat indiqué ci-dessus,

Où est la justice?

Et si l'on voulait parer au vice signalé, ce qui me paraît d'une difficulté grande, dans quelque hypothèse que l'on se place, ce ne serait qu'à l'aide de complications, de votes successifs dont on ne saurait prévoir ni limiter le nombre, si l'on veut respecter l'équité et n'opprimer aucun des trois partis, mais dont en revanche il n'est pas difficile de reconnaître tous les dangers.

Où est la simplicité?

D'ailleurs, l'Assemblée qui ne pourrait plus aujourd'hui proclamer une des formes de Gouvernement, ne pourrait pas davantage décider par un vote qu'il sera fait appel au peuple : ce serait détruire son œuvre du 20 novembre. Elle ne peut le faire directement; indirectement non plus.

Comment admettre, en effet, que le Gouvernement proclamé devrait attendre pendant sept ans, et l'arme au bras, l'expiration naturelle et légale du pouvoir constitué? Et alors ce serait détruire son œuvre; répétons-le, elle ne le peut pas.

Si l'on veut sortir absolument des expédients, des surprises, des violences, des gouvernements imposés par la force ou par l'émeute, — et ce serait certes la plus belle conquête que notre malheureux pays pût faire, — il faut résolûment, avec passion, avec religion dirai-je même, se réfugier dans le droit, en enseigner l'excellence, l'amour et l'honneur à ceux qui viennent derrière nous. Dans sept ans, une Con-

.stituante devra être convoquée pour statuer, à cette époque, sur le sort du pays.

En précisant tout ce qui est aujourd'hui interdit à l'Assemblée, nous avons indiqué l'étendue de ses pouvoirs et leur limite. Elle peut délibérer et voter toutes les lois qui sont de la compétence naturelle de toute assemblée législative, au premier rang la loi électorale et la loi municipale, ensuite les lois constitutionnelles.

Et si elle ne voulait pas les voter?

Nous ne pouvons admettre que l'application stricte du droit doive et puisse aboutir à une impossibilité.

Si elle ne voulait pas les voter, le maréchal de Mac-Mahon serait Gouvernement absolu pendant sept années. Est-ce cela que vous voulez?

Beaucoup n'y verraient pas grand inconvénient, et il faut convenir que le système de liberté qui a amené et permis le 4 septembre 1870 pour aboutir au 18 mars 1871, et le pays qui a laissé s'accomplir toutes ces horreurs, mériteraient bien un pareil châtiment; ce serait un remède héroïque, peut-être indispensable, dans un moment où la passion politique et l'esprit de convoitise, fallacieusement surexcités, ont brouillé toutes les cervelles, que d'avoir un homme d'honneur, un grand cœur, brave et ferme, qui se chargerait de tout pendant sept ans; il est probable que la prospérité publique s'en trouverait bien, et elle est nécessaire pour reconstituer l'épargne, terriblement entamée sinon épuisée par nos malheurs.

Mais mon sentiment intime de vieux libéral s'en indigne, et ma fierté de Français le repousse.

Je ne puis croire que ce pays soit ingouvernable, comme on le prétend. Peut-être n'a-t-on pas su le gouverner.

Il faut lui inspirer surtout, au rebours de tout ce qui a été fait depuis bien des années, aussi bien en haut qu'en bas, le respect et l'amour de la légalité, il faut que nos enfants apprennent et reconnaissent que ce n'est pas seulement un devoir, mais un honneur de respecter la loi, et de soutenir ceux qui la défendent; et si l'on y parvient, ce qui ne me paraît pas impossible, le Gouvernement représentatif, ainsi qu'il est pratiqué dans les pays libres, pourra satisfaire à toutes les aspirations légitimes.

A. B.

RÉFLEXIONS D'UN MAGISTRAT

SUR

LA SITUATION ACTUELLE

(SUITE)

18 MAI 1874

L'indigne coalition qui vient d'émettre un vote hostile au ministère s'explique. Il n'est pas difficile de reconnaître les causes diverses qui l'ont créée et mise en action.

Dès l'abord il faut exclure celle qui devrait dominer toute autre considération, le patriotisme.

Quant à ceux qui la composent :

Pour les uns, il n'est pas besoin d'explication, ce sont les ennemis.

Mais pour les autres, qui manifestent et ont manifesté des prétentions au titre de conservateur, beau titre assurément, puisque aujourd'hui il représente la résistance absolue et énergique contre l'esprit de désordre, contre ceux qui méditent le bouleversement de la société et contre ceux qui par ambition ou vanité inconsciente et irréfléchie l'amèneraient infailliblement; *ces autres,* dans la journée du 16 mai, ils l'ont perdu.

Parlons nettement et sans réticences, il n'en faut pas à l'heure où nous sommes.

Les membres du parti royaliste qui ont pris part à ce vote de coalition l'ont fait par désappointement de n'avoir pu imposer au pays le gouvernement de leur prédilection, un gouvernement à leur mode, dont personne ou presque personne ne veut plus. — Ils ont été conservateurs tant qu'ils ont pu caresser l'espoir de leur chimère; le jour où il leur a bien fallu le perdre, ils ont été emportés par une sorte de rage qui les a aveuglés et leur a fait perdre l'esprit, ils sont devenus *révolutionnaires.*

Le naufrage, soit; nous surnagerons sur les débris.
Pensée criminelle, pensée fausse.

Le pays ne veut plus de vous, entendez-le donc, il ne veut plus de l'ancien régime, et c'est bien cela, que vous et votre roi lui avez proposé au mois d'octobre dernier.

Vous ne pouvez revenir avec cette signification qu'à la suite d'une armée ennemie, et vous ne dureriez pas autant que 1815. Le jour où M. de Broglie a prononcé cette parole vraie, qui exprime bien le sentiment de la France : *La monarchie sera nationale ou elle ne sera pas;* ce jour-là vous lui avez voué une haine implacable, et vous venez de le prouver.

Pour les Bonapartistes, qui sont aussi coupables, et qui n'ont pas craint de se joindre aux démolisseurs, eux qui se sont toujours présentés comme leurs plus implacables, leurs plus énergiques ennemis, et qui l'ont prouvé, on doit se demander maintenant, si c'était bien la société qu'ils défendaient, si c'était bien le mal qu'ils poursuivaient.

Il est permis de conclure de leur conduite présente, qu'ils défendaient purement et simplement leur pouvoir, et que le mobile noble, patriotique et désintéressé qu'ils invoquaient était un vrai leurre, qu'ils ont eu la maladresse de dévoiler.

Pour quel motif? Parce qu'ils supposaient, à tort, croyons-nous, qu'ils ont besoin du suffrage universel tel qu'il fonctionne aujourd'hui, pour rétablir l'Empire, et qu'ils veulent retarder, sinon empêcher, le vote de la loi électorale présentée.

Oui, à tort; ils oublient ou veulent oublier deux faits considérables, et dont l'importance est révélée par tout ce que la France a souffert, par tout ce qu'on cherche à lui faire souffrir encore :

1° La guerre de 1870 qui, outre le mal qu'elle a produit, a détruit ou considérablement amoindri le prestige impérial ;

2° La propagande révolutionnaire infiltrée dans tout le pays, ainsi que des exemples multipliés l'ont démontré depuis trois années, par le 4 septembre et

·ses délégués, et tolérée, sinon encouragée par le Président nommé par l'Assemblée lors de sa réunion et jusqu'au 24 mai dernier.

Ils croient que la masse des électeurs est ce qu'elle était en 1870.

C'est une erreur, mais c'est la cause de leur vote.

Les chances du rétablissement de l'Empire ne sont pas là, et ils les ont singulièrement amoindries dans la journée du 16 mai, puisqu'ils ont abdiqué leur plus beau titre d'énergiques défenseurs des droits de tous et de la société en péril.

Elles sont dans la façon dont les *prétendus* républicains en France pratiquent et ont toujours pratiqué la République, et dans la difficulté de rétablir le régime monarchique.

Quant aux membres du Centre gauche, c'est simplement l'ambition, l'envie d'être ministres, la pensée qu'on a besoin d'eux et de leur concours, et qu'en se joignant aux partis hostiles ils font la majorité et finiront par s'imposer.

C'est peu noble, et c'est très-faux.

Mais qu'attendre de gens qui se prétendent conservateurs et qui, par faiblesse envers le parti dont ils se disent bruyamment les adversaires, ou indigne calcul, entravent et compromettent les mesures et lois préservatrices qu'ils déclarent approuver?

Qu'espérer de gens qui se proclament indépendants et qui ne dédaignent pas de suivre le mot d'ordre d'une indigne et coupable rancune?

Cette coalition, dont on vient d'indiquer les éléments et les causes, parviendra-t-elle à son but ?

Nous pensons et nous espérons que non.

Elle est peut-être très-embarrassée déjà ; elle le sera bien plus quand elle se sera donné la peine de réfléchir.

Le Ministère dont M. de Broglie était le chef a donné sa démission : le Maréchal a cru devoir l'accepter. Nous le comprenons ; il faut laisser ouverte une porte à la conciliation, à la réflexion, aux regrets; mais nous l'avons dit ailleurs, il avait le droit de la refuser.

Répétons-le bien haut, puisque beaucoup se bouchent les oreilles pour ne pas l'entendre, *nous n'avons pas le Gouvernement parlementaire*, dont le vice principal, maintes fois éprouvé par le pays, est l'instabilité du Ministère et la guerre aux portefeuilles ; nous n'avons pas encore le Gouvernement parlementaire, et ce serait véritablement folie, que d'en accepter les inconvénients sans en avoir les avantages, que de s'astreindre aux règles ordinaires de cette forme de Gouvernement en l'absence des contre-poids qui seuls peuvent en rendre le fonctionnement praticable.

Où le Chef de l'État prendra-t-il son Cabinet? Qui remplacera celui qui vient d'être renversé, à ce que l'on dit, quoique l'expression ne nous paraisse pas juste ?

Dans les différents groupes qui ont formé la majorité? Personne ne le croit possible, et ce ne peut vraiment être une éventualité que l'on puisse envisager sérieusement. Voit-on, sans que le sourire vienne aux lèvres, Messieurs un tel, un tel, un tel assis à la table du Conseil et délibérant, discutant ensemble les choses de Gouvernement et d'administration ? C'est insensé.

Dans les partis qui se sont qualifiés de conservateurs et ont cessé de l'être ?

Non. Le Maréchal, le Soldat patriote, ne peut faire entrer dans ses Conseils ceux qui ont manqué de patriotisme à ce point de préférer leur parti à la Patrie. Il ne doit pas non plus donner une prime à l'ambition. Le Cabinet a échoué non dans une question politique importante, après une discussion qui aurait démontré chez ceux qui l'auraient soutenue des aptitudes spéciales, une habileté profitable au pays pour l'application des idées triomphantes ; il a succombé sous le coup d'une coalition qui avait parti pris de le renverser ; et c'est là son excuse pour avoir accepté le combat sur une question de priorité qui ne paraissait pas mériter un tel honneur. Le Cabinet avait la conviction que c'était une pensée bien arrêtée qui s'exécuterait au premier jour, dans tel autre débat qui se présenterait ; il y avait plus de dignité à ne pas marchander quelques jours d'existence et à lutter de suite, plutôt que de subir la perspective d'être discuté à tout propos.

Au rebours de ce qui se pratique et doit se pratiquer dans tout Gouvernement parlementaire, organisé et fonctionnant, le nouveau Ministère ne doit comprendre aucun de ceux qui ont voté pour le renversement du Cabinet démissionnaire.

Où le Maréchal doit-il le trouver?

Dans le groupe considérable et homogène qui mérite toujours le nom de conservateur, qui est bien celui qui l'a nommé le 24 mai et a définitivement consacré son pouvoir le 20 novembre 1873. On ne peut méconnaître que c'est là qu'est la majorité conservatrice, et que le nombre qui l'a emporté le 16 mai est une collection des éléments les plus disparates, dans laquelle figurent pour la plus forte part les adversaires acharnés des idées conservatrices représentées par le maréchal de Mac-Mahon, et malgré leur respect apparent, du Maréchal lui-même.

Il ne peut convenir au Maréchal de gouverner qu'avec le concours des vrais conservateurs ; quant à ceux qui par faiblesse, ambition ou esprit de parti ont renié leur titre pour s'adjoindre aux radicaux, il doit les écarter absolument[1].

Et si une majorité comme celle du 16 mai renverse le nouveau Cabinet?

Il prendra son ministère en dehors de l'Assemblée.

Et si on le renverse encore?

___

1. Toutes les démarches et tentatives faites depuis le 16 mai pour la formation d'un nouveau ministère démontrent en effet que ce ministère ne peut être pris que dans la fraction de la Chambre qui ne s'était pas séparée du Cabinet démissionnaire.

Ce sont des hypothèses invraisemblables; mais enfin après ce qu'on a vu il faut tout prévoir.

Si on le renverse encore, ou plutôt si on veut le renverser, le Maréchal devra le conserver, s'il a toujours sa confiance; autrement ce serait l'impossibilité de gouverner, et on ne peut en l'état actuel, qui, encore une fois, n'est pas aujourd'hui le régime parlementaire, imposer au Chef de l'État l'obligation de gouverner contre son sentiment, contre son origine, contre les idées qu'il représente.

Espère-t-on lasser le Maréchal et l'obliger à donner sa démission?

Ce ne serait pas une démission;

Ce serait une abdication.

Pourquoi le Maréchal abdiquerait-il?

On lui a donné la glorieuse mission de préserver le pays de l'anarchie; il a promis d'y consacrer sa vie, et il déserterait ce poste d'honneur! Vous n'y pensez pas.

Il y restera, comme dans tous ceux qu'il a conquis de sa vaillante épée et de son grand cœur et qui sont dans la mémoire de tous.

Si la majorité de l'Assemblée veut l'empêcher de gouverner, il gouvernera sans elle et la prorogera à trois ou six mois, ce qu'il faudra bien faire et ce qu'elle fera d'elle-même s'il est démontré que pour le moment elle ne veut et ne peut rien. — Le temps amènera sans doute des réflexions et une conduite plus sage, surtout si l'on reconnaît que le Chef de l'État est parfaitement résolu à maintenir son pouvoir qui est la sauvegarde de la France. Il appartient au pays pour sept ans, on ne peut y toucher, à tel point que toute proposition qui serait de nature à y porter atteinte, soit directement, soit indirectement, devrait être traitée comme factieuse, et écartée par la question préalable.

Et si l'Assemblée vote dès à présent sa propre dissolution?

Nous croyons qu'elle reculerait épouvantée par l'étendue des désastres dont elle prendrait et aurait devant le pays la terrible responsabilité. Nous ne parlons pas de ceux qui ne la craignent pas et l'appellent de tous leurs vœux, mais seulement de ceux qui s'y laisseraient entraîner par esprit de parti ou esprit de rancune, et ne se dissimulent en aucune façon les formidables dangers que cette résolution comporte.

Mais, Dieu merci! le vote du 20 novembre 1873 nous met à l'abri des plus terribles éventualités, et ceux qui préparent cette arme de guerre se font une singulière illusion.

D'abord elle n'en a pas le droit; en votant le Septennat elle a fait la promesse de voter les lois constitutionnelles, elle ne peut s'en affranchir, elle n'a pas le droit de se dissoudre avant d'avoir terminé sa tâche; et si elle le faisait, cela ne porterait aucune atteinte au pouvoir qu'elle a constitué le 20 novembre; elle a voté le Septennat, comme elle aurait pu voter la Monarchie, l'Empire ou la République.

Le Septennat du Maréchal est le Gouvernement de la France, aussi définitif pendant sept ans, sauf le cas de décès, aussi inviolable que tout autre gouvernement régulièrement constitué.

Ensuite, cette arme de guerre serait loin de produire aujourd'hui les effets qu'elle aurait produits nécessairement si on l'avait fait fonctionner avant le 20 novembre, et les résultats seraient bien différents de ceux qu'en espèrent les gens coupables ou aveugles qui ne craindraient pas de s'en servir.

Voter aujourd'hui la dissolution, serait voter la dictature. — Décréter la dissolution actuellement, sans faire ou avant avoir fait les lois constitutionnelles, serait décréter la dictature du maréchal de Mac-Mahon pendant sept ans.

Nous allons le prouver.

Quelle serait la nature de l'Assemblée que les élécteurs seraient appelés à nommer?

Une Assemblée constituante?

Non pas, l'Assemblée actuelle a constitué.

Nous l'avons dit autre part :

On ne constitue pas deux fois, et le rejet successif de tous les amendements qui avaient pour but de rendre le pouvoir nouveau, provisoire, suspensif ou aléatoire, a eu pour effet de rendre ce pouvoir absolument définitif et inattaquable pendant sept ans.

Cela a été fait le 20 novembre 1873.

Cela ne peut être défait

Ni par l'Assemblée actuelle, ni par aucune autre,* ni par *aucune puissance humaine*, par aucune voie que ce soit. Nous ne parlons pas de la force et d'une émeute triomphante, nous doutons fort qu'elle puisse avoir raison de ce Gouvernement nouveau qui a pour lui la force et le droit; il nous paraît invraisemblable que la voie d'une insurrection puisse être employée utilement pour faire violence au pouvoir qui est aujourd'hui le patrimoine du pays. Nous n'en parlons pas; comme la première fois que nous avons pris la plume, *nous parlons Droit*.

Et si l'Assemblée, qui le pouvait parfaitement, avait constitué le 20 novembre la Royauté, la République ou l'Empire, nous voudrions bien voir ce que diraient les royalistes, les républicains, ou les bonapartistes, si on leur proposait aujourd'hui de réunir une Constituante! Ils protesteraient énergiquement et ils auraient raison.

Cette proposition serait tellement ridicule que nul n'oserait la faire.

On ne peut donc convoquer une Constituante.

Pourrait-on convoquer une Assemblée législative?

Pourquoi? Quelle utilité?

Le Corps législatif est un des rouages du Gouvernement représentatif, en tout cas d'un Gouvernement organisé, il ne peut fonctionner seul : il n'aurait dans l'état actuel des choses aucune raison d'être.

Serait-ce une Chambre dans les conditions exactes où se trouve celle qui fonctionne actuellement, c'est-à-dire une Constituante pour faire les lois constitutionnelles et organiser le Septennat, mais sans pouvoir y toucher ?

En vérité serait-ce possible ?

Une Assemblée qui serait chargée d'organiser le pouvoir qu'elle n'a pas créé et dont peut-être elle ne voudrait pas s'il n'existait pas,

Ce serait la contradiction la plus flagrante, tranchons le mot, ce serait absurde.

Une Assemblée ne peut être Constituante qu'à la condition de l'être en entier.

Outre l'Assemblée actuelle, pour ce qui lui reste à faire sous ce rapport, il ne peut y avoir d'autre Assemblée constituante que celle qui sera convoquée dans sept ans à l'expiration du Septennat.

Nous sommes en ce moment dans un état politique singulier, peut-être unique dans l'histoire ; il faut s'en contenter faute de mieux.

Il se résume en ceci, et ne comporte que ces deux alternatives :

Gouvernement représentatif avec le maréchal de Mac-Mahon à sa tête pendant sept ans si les lois constitutionnelles sont votées, et elles ne peuvent l'être que par l'Assemblée actuelle ; Gouvernement dictatorial pendant sept ans, si l'Assemblée votait sa dissolution.

Dans ce dernier cas et dans l'impossibilité de

convoquer quelque Chambre que ce soit, le chef du Pouvoir exécutif maréchal de Mac-Mahon serait bien obligé de gouverner tout seul, avec les ministres qu'il lui plairait de choisir, par Commissions administratives et dans les conditions où il l'exerce aujourd'hui.

A. B.

Si l'on croyait pouvoir trouver une autre solution légale que celle proposée en cet opuscule, je voudrais être admis à la discuter.

A. B.

PARIS. — TYPOGRAPHIE LAHURE
Rue de Fleurus, 9